U0657752

X书店

12 节虚构的语文课

关于性别

冯军鹤◎著

葛根汤◎绘

北京科学技术出版社

100 层童书馆

人们将女人关闭在厨房里或者闺房内，却惊奇于她的视野有限；人们折断了她的翅膀，却哀叹她不会飞翔。但愿人们给她开放未来，她就再也不会被迫待在目前。

——（法）西蒙娜·德·波伏瓦*

---

* 出自法国哲学家、作家、女性主义者西蒙娜·德·波伏瓦的《第二性》，郑克鲁译，上海译文出版社。

第 10 节课 女人的故事 / 55

也许，你已经意识到男生和女生的不同。当然，不仅仅是身体的不同，还有生活中无处不在的不同。如果你喜欢历史，你对这种不同一定更加熟悉，权力永远站在男人这一边，女人往往服从于男人。有人会说，那是旧社会，今天已经不一样了，男生和女生一样重要，男人和女人一样平等。但果真如此吗？

第 **9** 节课
脏话的故事

这节课，白江宏没有来。

我依旧是提前半个小时来到书店的。二楼还没有清场。楼梯上断断续续响着脚步声。两个漂亮的姐姐一闪而过，随后我便看见了坐在角落里的彭子涵。她那么小，像是从书本里掉出来的。我又想到了那个比喻：一只优雅的刺猬。我随手从书架上拿起《安娜·卡列尼娜》的下卷，坐在了她旁边。她笑着看了我一眼，便继续读她的书了。

"你在看什么？"

"《月亮与六便士》。你呢？"她的笑容满满的。

"《安娜·卡列尼娜》。"

"很厚呀。"

"是呀。"

我们便不说话了，继续翻看自己的书。悠悠来了，然后是王渺。紧接着，其他客人开始离开。马老师安放设备。更多学生走进来坐下。六点半，我们的第九节课开始了。

"今天，我们的主题有些禁忌：**脏话**。"

马老师一边说，一边饶有意味地盯着我们。躁动如约而至：有人大声喊了一句什么，有人和旁边的人低声交谈，还有人几乎是迫不及待地扔出了两字脏话。马老师依旧饶有意味地盯着我们，什么也没说。但两分钟后，躁动渐渐离场，房间又重新归于静默。

"那么，我们就可以开始了。大家已经读过《南瓜灯博士》*了。但在走近小说之前，我们还需要做一些讨论，一些大胆的讨论，让这个话题变得平常起来。

"我们先从一个调查开始。屏幕上会陆续展示一些问题，关于脏话，或者具体地说，**关于脏话**

---

* 出自美国作家理查德·耶茨的短篇小说集《十一种孤独》，陈新宇译，上海译文出版社。

和你自己的关系。**你需要给出自己的答案，并且记录在本子上。"

1. 你在生活中（指线下）会听到很多人讲脏话吗？（0代表从来没有，10代表非常多。）

"括号后面的说明意味着，你的答案不仅仅是'会'或者'不会'，而是一个数字，介于0和10之间，代表着某种程度。越靠近10，就意味着程度越高；越靠近0，就意味着越低。同时，答案不仅仅要写在本子上，而且要用位置呈现出来。什么意思呢？"

马老师的手扬起来，从房间的一侧摆向另

一侧。

"最左边是 0，最右边是 10，中间按顺序排列。"

这时我才注意到，书架上已经依次张贴了十个数字。

"你的答案是多少，就请站到对应的位置。明白？"

"明白！"李昊然突然大叫一声。所有人发出一阵哄笑。

"那么，请拿着本子，然后站起来走到后面的位置。先来选择这第一个问题的答案吧。"

无论如何都忍不住，大家相互笑着，说着，身体摆动到一起。5 的位置站了四个人。我的选择是 6，王渺是 7，面无表情的梁少楠挨着最高的数字 9。彭子涵是最低的 3。大家都伸长了脖子，指指点点。

"好的，记下你的答案，看第二个问题。我们不会对每个问题都进行讨论。"

2. 你在网络上会看到许多人讲脏话吗？（0 代表从来没有，10 代表非常多。）

大家开始往右边移动。但梁少楠却移到 7 的位置。有四个人都选了 10。紧接着马老师给出了第三个和第四个问题：

3. 你在生活中讲脏话的频率是？（0 代表从来

没有，10 代表非常多。)

4. 你在网络上讲脏话的频率是? （0 代表从
来没有，10 代表非常多。)

有人开始犹豫了。李昊然不断发出朗朗的笑
声。第三个问题中，王渺在 4 和 5 之间移动。李悠
悠一遍遍地重复道"我不确定"。和上面两个问题
类似，网络拿到了更高的数字。马老师让大家确
认完自己的选择后，叫了我的名字。

"沈青，你觉得为什么在网络上无论是说脏话
还是听到脏话的频率都会更高呢？"

我沉默了一会儿，说道："大概因为在网络上，
我看不到对方的反应，说完之后就可以转身去做

其他事情。而且有的时候，我只是很多人当中的一员。他们都说脏话了，我就觉得自己跟着表达一下也没啥。"

"田芳，你呢？"

"我自己倒还好。但我能理解很多人的这种差别。生活中说脏话被老师和家长听到了，是要被教育的。但是在网络上就不会有这种后果。"

洪乐举手了。

"我觉得在两位同学的答案之外还有另外一个原因。就是：大家偶尔需要说脏话。那种感觉很刺激。怎么说呢，就好像是喝了一杯冻奶茶，你觉得身体一下子通透了。哦，不过回到网络上，为什么网络上的脏话要比生活中的脏话多呢？很简单，因为我们在网络上说的话本来就比生活中多多了。"

有人鼓掌了。大家笑着哄闹。马老师苦笑着摇摇头，然后继续在屏幕上展示接下来几个问题。

5. 你对脏话的看法是什么？（0 认为完全不应该讲脏话，10 代表讲脏话应该没有限制。）

6. 你认为自己多大程度可以控制自己不讲脏话？（0 是可以做到完全不讲，10 代表无法控制，很多时候都会不自觉地讲出来。）

7. 你自己说脏话在多大程度上会受到别人的影响？（0 代表完全不会，10 代表几乎都是受到别人影响才说脏话，比如跟随别人一起说，或者认为在同伴中说脏话比较酷。）

8. 你说脏话时，知道那些脏话实际所指的意思吗？（0 代表完全不知道，10 代表都明白）

问题 8 吹起了某些微妙的情绪。隐藏、张扬、伪装的冷淡以及刻意的从容。但最终落定的时候，我还是惊讶于结果：大部分人都是知道的，一半的人选择了 8 或者 9。

"现在，你的本子上写了 8 个数字。来做一道计算题吧，把这些数字加在一起。"马老师等了一会儿，"可别计算错了。你们数学老师说不定就在楼下看书呢。"

大家笑了。

"冉思睿？"

她抬起头。

"你的数字是多少？"

"58。"

"你觉得这个数字的高和低可以说明什么吗？"

屏幕上排列着八个问题。她扫了一眼。

"数字越高代表这个人素质越低？"

"少楠，你同意吗？数字越高的人素质就越低，因为他脏话说得多，也更接受脏话。"

"我觉得说脏话和他的品质不一定有关系。主要看他是在什么情境下说的脏话吧。如果他用脏话来攻击别人，我觉得是应该被批评的。但如果说脏话仅仅是一种发泄，应该和素质高低没有关系吧。"

"那么，你认为脏话本身和道德判断无关？那为什么教育里那么排斥脏话呢？为什么在人们的认知中，文明的一个标志就是没有脏话？"

"老师，"我喊了一声，"坦白地说，我说脏话的时候并没有洪乐刚才说的那种通透感。很多时候，我会有一种羞耻感。虽然我觉得可能和教育环境有关，但有时候也因为那些字眼很糟糕，或者说，很丑。脏话勾起的联想会让我很不舒服。"

"谢谢沈青的坦诚，"马老师笑着向我点了点头，"这刚好是我们接下来要思考的：**脏话究竟意味着什么？** 为了回答这个问题，我们必须观察它们，了解它们，进而产生思考。但首先，我们需要将它们呈现出来。怎么样，要不要通透一下，在白板上把脏话写出来？"

于是接下来，我从来没有经历过的一幕发生了。跳跃的冲动，兴奋的笑声，白板上很快长满了那些字眼。实在是神奇的景观，我几乎无法正视，仿佛盯着它们是一种冒犯。如果爸爸看到这一幕，他一定会跳起来的。而马老师，仿佛站在暴风眼当中，平静地等待着。

她把我们分成了三个小组，"邀请"我们观察这些脏话。然后，她重重地说："看着这些字，回想它们在生活中的样子，提出三个问题。至少，三个问题。"

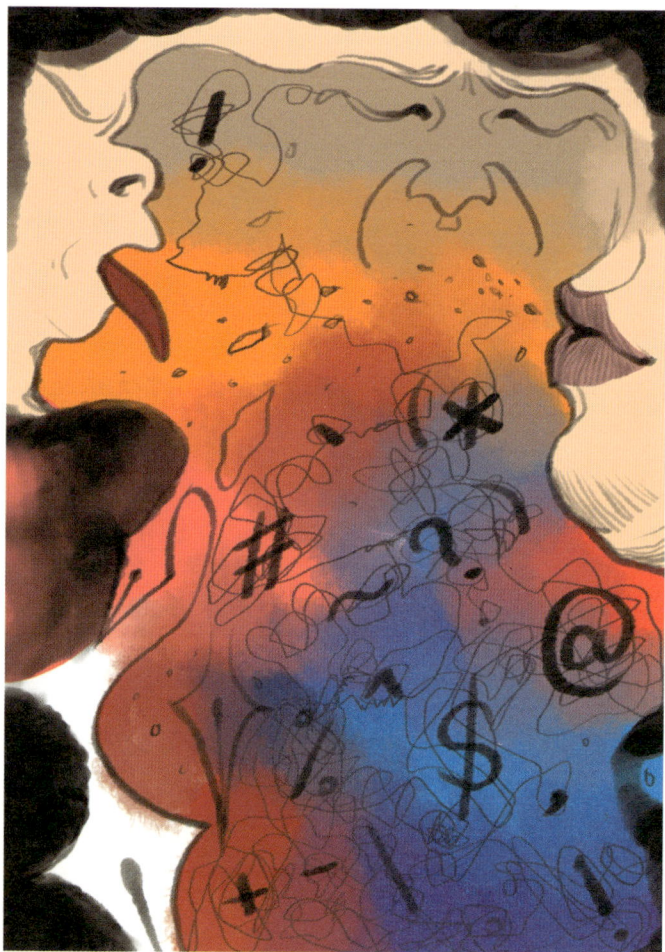

几分钟后，大家相继把提出的问题写在黑板上。去掉重复的，剩下这些：

1．为什么很多脏话都和女性有关？

2．为什么很多脏话都和生殖器有关？

3．不同语言的脏话会有什么共同点和不同点？

4．某些脏话改变发音和字眼后是否还是脏话？

5．为什么很多脏话都在攻击长辈？

6．我们的脏话是越来越多了，还是越来越少了？

"我很希望和大家讨论所有这些问题。但不好意思，我们最终的方向是文学，而不是社会学。所以我们没办法仅仅留在这里。不过在走向下一个内容之前，我还是忍不住想请几位同学回答一下第一个问题：**为什么很多脏话都和女性，尤其是和妈妈有关？** 我们邀请一位男生和一位女生吧。有没有谁想主动回应一下？"

"我来吧。"

是王渺。

"相比于'你去死'，攻击一个人的妈妈肯定还是在攻击这个人本身，是对尊严更大的贬低。士可杀，不可辱嘛。"

"老师，我可以补充一点吗？"

田芳突然站了起来。马老师点点头。

"在今天的社会上，很多人可以接受男生说脏话，但无法接受女生说脏话。我妈就总是对我说，一个女孩不应该说脏话。为什么呢？因为在他们眼中，男生可以粗鲁，女生就必须温柔。这太不公平了。"

她坐下了。洪乐站了起来。

"先说明一点，虽然田芳有点跑题了，但她提供了一个很好的视角。我们之前都生活在一个性别极其不平等的时代。男性占据着绝对的力量和地位优势。是不是有可能，那个时候，占有女性是男性力量的一种表示？所以脏话中的攻击力，指向女性的攻击力实际上就是男性在表达自己的力量？表明自己可以占有女性。占有就意味着可以对她们做任何事情。"

窗外不知道什么时候下起了雨。是稀稀落落

的雨滴。雨声很温柔，只在书墙边踩上几步，就揉碎在空气里。有人一定没有听见。但我听见了。

马老师继续说了什么，似乎比雨声还要轻。然后，屏幕上出现了一个小短片——脏话中的语言学。雨声消失了。视频讲述了脏话的类型，谈到了"禁忌让脏话更有力"，为什么脏话与女性联系更为紧密，脏话与发音之间的关系，谈到了鲁迅的文章《论他妈的》。交谈声、笑声不时响起。

禁忌，让脏话更有力。视频结束后，大家意犹未尽地表达着感想。王渺说，这个视频真有趣。

马老师走到一扇窗户面前。

"哦，外面下雨了。"她停顿了一会儿，"现在，我们可以来到《南瓜灯博士》了。还记得这篇小说讲述了一个什么样的故事吗？"

于是，几位同学轮流复述了发生在转校生文森特·萨贝拉身上的遭遇：

新学期伊始，班里转来一个新同学文森特。文森特来自纽约的贫民窟，形象邋遢。没有人喜欢他，尽管班主任普赖斯小姐对他很照顾。

几天后，在每周一次的周末分享中，文森特大胆地上台了。不过很明显，他说的一切都是编造的。中午，普赖斯小姐和他谈话，首先肯定了他的勇气，但希望他下次能够分享真实的生活。普赖斯小姐一离开，文森特就走到教室中间的通道，在白墙上写满了脏话。

为什么呢？小说没有解释。普赖斯小姐知道

后当然很生气。但她是一个有耐心的好老师。于是，她放学的时候留下文森特，友好地安抚他，并劝导他把墙壁擦干净。

走出教室的文森特刚好碰到另外两个迟走的男生。文森特告诉他们，普赖斯小姐狠狠地揍了自己一顿。两个男生因此快乐地靠近他，想要知道更多细节。这时，普赖斯小姐恰好从旁经过。她看到这些男孩前所未有地友好，觉得文森特终于融入了这个班级。她愉快地和他们打了招呼，并且热情地夸赞文森特的衣服。

事情败露了。文森特又说了谎话。两个受骗的男生气急败坏，一边辱骂，一边给文森特取了"南瓜灯博士"这个外号。

愤怒的文森特跑回教室，不仅在墙壁上重新写满脏话，同时也画了一幅普赖斯小姐的裸体画像。

故事就这样结束了。

"文森特是我们的主人公。我们先来关注他的形象。现在假设你是班上的同学。这一天，班里来了一位新同学文森特。放学回家以后，你会如何和你的父母谈论他呢？"

"纽约市来的一个脏小子。"

"肯定是贫民窟里长大的，很不注意卫生。"

"不太好对付，有点粗野，搞不好会欺负别人。"

"所以，这是一个贫穷的粗野少年的形象。但任何一个转校生都渴望一件事情——"她拖长语音，在打瞌睡的冉思睿面前停了下来。

"思睿？"

她抬起头，不好意思地笑了，但没说话。

"渴望融入班级。"她旁边的梁少楠说道。

"所以文森特大胆地去分享了。站在所有同学面前。他的分享怎么样？"她看着李悠悠。

"非常糟糕。充满了错误，而且胡编乱造。"

"那他为什么要这样做呢？"

"我觉得他只是想要融入班级，但方式有问题。而且，他就是很粗野，这是他摆脱不了的特质。"

"很粗野，我们不得不承认这一点，即使我们对文森特怀有同情。小说中出现的两次脏话都和他有关。但重点不仅仅是他做了什么，而是在这样做的时候，他呈现出一种怎样的形象，他有哪些姿态。或者说，他自己想要让自己看起来如何。我们来到他第一次在墙壁上写脏话的时候吧。小说中有这么一段话。请大家再读一遍，然后思考，你如何看待文森特的反应和姿态。"

屏幕上出现了这么一段文字：

亚瑟·克罗斯在门口，门开着，他睁大眼睛读那几个字。"伙计，"他害怕地喃喃道，"伙计，会有你好受的。真的，会有你好受的。"文森特·萨贝拉吓了一大跳，旋即又平静下来，他把粉笔藏在手心里，两个大拇指勾在皮带上，

转过身，威胁地看着亚瑟。"是吗？"他问，

"有人准备去告发我？"

"呃，没人打算告发你。"亚瑟·克罗斯

不安地说，"但你不该到处写……"

"好了，"文森特说，向前跨了一步。他的

肩膀垮下来，头冲前伸着，眼睛眯成一线，看

起来像爱德华·G·罗宾逊*。"好了。我就想

知道这个。我不喜欢打小报告的人，明白吗？"

很快就响起了交谈声。马老师走到他们身边，

和他们聊了起来。

几分钟后，洪乐首先开始分享：

---

*爱德华·G·罗宾逊：好莱坞影星，以在银幕上扮演硬汉形象而著称。

"注释已经告诉我们了。文森特想要像电影中的爱德华·G·罗宾逊那样塑造自己的硬汉形象，也就是一个有力量的男人形象。无论是他两个大拇指勾在皮带上的动作，还是肩膀垮下来，头冲前伸着，眼睛眯成一线，大概都是演员罗宾逊在电影中的形象。总而言之，文森特希望自己在同学中间是一个强者。"

马老师点着头，看见悠悠举手后，请她发言。

"关于这一段，洪乐已经说得很清楚了。我想补充一点，谈一谈在这段之前，文森特在墙壁上写脏话的部分，这一段很耐人寻味。文森特仿佛是突发奇想，在晃悠了一阵子之后，突然来到了墙壁中间，突然发现口袋里有根粉笔，突然就开始写脏话了。我觉得这种行为当然和在普赖斯小姐那里的受挫有关。但也许脏话并不是针对普赖斯小姐，有可能是一种发泄。不过是不是也有可能，联系到我们前面的讨论，仍然是一种男性力量的一种暗示？通过具有攻击力的脏话，告诉自己，自己是一个有攻击力的强者。"

"我觉得有点过头了吧。不要忘了，文森特只是个孩子。"说话的是王渺。

"也是，是我过度发挥了。"悠悠几乎是迫不及待地纠正道。

"悠悠倒也不必这样批评自己，"马老师温柔地说道，"文森特也许不会有明确的意识，但不代表作为读者的你不可以这样延伸。因为在潜意识中，我们经常做一些不明所以的事情，文化习惯和社会意识都可能是背后的原因。回到文森特。他想要扮演一个强者的角色。他成功了吗？"

"在这个片段里，成功了。"我低声回应道。

"只是在这个片段里？"

"应该不只是在这个片段里。但我想说的是，作为读者，我阅读完以后，更多地会觉得他是一个可怜虫。"

"作为读者。沈青很严谨呀。这也是一个很值得谈论的问题。但我们让它简单一点，回到小说中的世界。文森特的同学觉得他是一个强者吗？能不能从文章中找到细节来证明？"

大家抖动着阅读材料。纸张清脆的响声哗啦

啦地流动起来。

"老师，我来。"是李昊然，"就在屏幕上这一段文字的后面，有这么一句话。直到他俩相互瞟了一眼，才能以恰到好处的轻蔑目光迎接他的视线，可为时已晚。"你以为自己很聪明，是不是，萨贝拉？"这句话很清楚，虽然看起来文森特成功了，两个男生一开始被吓住了。但他们明白这只是一个小把戏。"你以为自己很聪明？"这么一句反问，意味着装扮成一个硬汉仅仅是文森特的自我想象罢了。他们知道文森特在装扮。"

又是悠悠："其实大家都明白权力在谁那儿。因为没有人搭理他。小说中有这么一段，是说在课间的时候，文森特如何一个人度过漫长的休息时间。他不断系鞋带，虽然他根本不需要。然后他假装跑步，拿起一粒石子，扔掉。又像一个男人一样双手交叉抱在胸前。我相信这一切都被同学们看在眼里了。甚至，他们会相互一笑。所以，新同学永远不可能成为一个强者。不管他做出什么姿态，他都是一个弱者，包括说脏话这件事情。说脏话就是强者了？我觉得恰恰相反，很多时候一个人说脏话是不知道自己还能做什么。在我读到这部分的时候，我看到的是一个转校生的无助。"

"很精彩的分析。现在，我们来到了一个人的两面：强者和弱者。一个人具有两副面孔，这个人是不是很奇怪？"

"不奇怪呀，我们很多人都有两副面孔。不对，"

洪乐的话语突然停住，"是很多副面孔。"

"很多副面孔。可见好的文学作品是贴近我们的。我们理解小说中的人物其实也是在理解我们自己。不过反过来，我们是不是也可以借助自己的经验和想象来理解小说中的人物呢？文森特很粗野，他撒谎，还说脏话。所以，他是一个坏孩子。我们是不是可以这样来理解？"

洪乐身体晃动着，做出准备演讲的姿态。但马老师阻止了他。

"不着急。我们先留住这个问题。我们刚刚只是重读了他第一次撒谎说脏话的片段，我们现在来回顾一下第二次谎言与脏话发生时的内容。文森特第二次撒谎发生在什么时候？田芳还记得吗？"

"哦，是从教室里出来以后。他和那两位男生说普赖斯小姐打了他，但实际上并没有，普赖斯小姐和他聊得很愉快。"

田芳说完，屏幕上就出现了下面这个片段：

"她什么也没说，"他终于说，在戏剧性地停顿了一下后，又补上一句，"她让她的尺子代她说话。""尺子？你是说她在你身上动尺子了。"他们惊恐万状，既不相信这是真的又敬佩不已，他们越听越佩服。

"打在指关节上，"文森特咬紧嘴唇说。"每只手五下。她说，'握成拳头，放在桌上。'

接着，她拿出尺子，啪！啪！啪……五下。如果你们觉得那不痛，你们一定是疯了。"

"看起来，这个谎言编造得很丰满啊，有不少细节。所以，文森特是说谎成性吗？他为什么要这样做呢？"

突然，雨声大了。所有人望向窗外。路灯把雨水照成一团白雾。白色的窗户上无数道水流混在一起。亮起一道闪电。

所有人沉默着，仿佛在等待如期而至的雷声。

"这样的天气真适合这篇故事。"雷声响起后，马老师慢悠悠地说道，"让我们回到文森特吧。怎么样？他为什么这样做？"

我举手，然后说："两次说谎的目的其实是一样的，都是为了获得关注，顺利地融入班级。作为学生，这样的行为很容易理解，大家会敬佩班级里的反抗者。"

　　"反抗者，或者说规则的破坏者。老师们确实对这样的行为很头痛呀。"

　　大家笑了起来。

　　"但在一篇小说中，我们还需要关注那些引发行为的细节。文森特为什么决定说谎？小说是如何表现人物的动机的？"

　　"文尼。"大家听到一声低语。

　　"子涵？你来分享一下？"

　　"是因为那两位同学叫了他的昵称，文尼。"

"为什么这个昵称会这么重要呢？"

"因为在小说开始的时候，普赖斯小姐问过他，"她翻找着小说原文，"你想让我们怎么称呼你呢？文森特回答说，叫我文尼就好了，而且还说了两遍。但普赖斯小姐就是听不见，最后还是说，文森特是吗？那好，文森特。我觉得这是作者的一个伏笔。很好的一个细节。所以当两个男生喊他文尼的时候，小说的原文写的是——"

像是一种配合，屏幕上出现了下面这段文字：

"她到底把你怎么样了？"比尔·斯金格问。

文森特措手不及，几乎来不及戴上爱德

华·G.罗宾逊的假面具。"关你们什么事？"他说，走得快了些。

"不，听着——等等，嘿，"他们一路小跑追上他，华伦·伯格说，"可她到底把你怎样了？她把你臭骂了一顿还是怎么着？等等，嘿，文尼。"

这个名字让他全身颤抖。他只好把手紧紧插在风衣口袋里，强迫自己继续走。说话时，他努力让声音平静，"我说了，关你们什么事，别跟着我。"

可他们跟在他身后亦步亦趋。"伙计，她一定罚你做功课了，"华伦·伯格锲而不舍，"不管怎么样，她说什么了？说吧，告诉我们吧，文尼。”

这一次，这名字实在让他受不了。它让他失去抵抗力，膝盖松软，脚步缓慢下来，成了轻松、闲聊的散步。

"对，就是这一段。"子涵继续说道，"这名字

让他受不了，让他失去抵抗力。我觉得这个设计太好了。之前文森特被老师忽略了。他可能觉得老师并不在乎自己。但现在，两个同学喊出了自己的昵称，说明他们听见了，也放在了心上。这是一种友好的姿态。这对文森特太难得了。一个柔软的瞬间。他渴望获得朋友，所以他撒谎了。"

"他渴望获得朋友，所以他撒谎了。这是一个很奇怪的逻辑。在生活中……"

马老师还没有说完，李昊然就喊了出来："一点都不奇怪。甚至我觉得很正常。就像我们看的视频中提到的那样。有一种脏话叫作社交脏话。男生之间经常这样，说脏话很酷，被老师打也很酷。文森特明白这个道理，所以他决定撒谎。"

"不错，一种社交需要。但很不幸，文森特再次失败了。普赖斯小姐的行为让他的谎言暴露了。两个男生恼羞成怒，给他取了一个外号"南瓜灯博士"。于是第二次在墙壁上的脏话出现了。我们没有时间讨论普赖斯小姐的形象了。可以如何评价她的教育方式？为什么她的努力没有效果？我希望大家课后可以思考一下。

"现在让我们面对这样一个问题：**你觉得文森特被霸凌了吗？**还有五分钟时间就下课了。但我还是要给大家三分钟时间讨论一下。屏幕上是关于霸凌的一个定义。大家可以参考一下进行讨论。"

霸凌的定义之一：

A student is being bullied or victimized when he or she is exposed, repeatedly and over time, to negative actions on the part of one or more other students. (Olweus 1986 and 1991) 一个学生长时间并重复地暴露于一个或多个学生主导的负面行为之下。

"你觉得呢？"悠悠率先向王渺发问。

"我觉得还不至于是霸凌吧。没有人辱骂他。也没有人对他做什么不好的事情。最后两个男生不应该给他取外号，但也是因为他自己撒谎了。"

"你呢？"她继续问我。

"你怎么不发表意见？"

"你先说嘛。"

"我认为他被霸凌了。小说不可能把每个细节告诉我们。但是从里面的一些表达来看，同学们肯定是有意在孤立他。我觉得这样的行为比辱骂还要严重。一个朋友都没有，最后还有了一个很糟糕的外号。而且整篇小说肯定是站在文森特一边的，起码是希望读者感受到他的困境。所以作者大概也会认为他被霸凌了吧。"

"作者怎么看是一回事。我们怎么看是另外一回事。把他放到生活中，我也不愿意搭理他。我总不能对所有人都满怀热情吧。我又不是圣人。"王渺苦笑着，仿佛担心会冒犯到我。

"你呢？"

"我不知道。"悠悠一副正经的样子，"我觉得这就是这篇小说好的地方，太像生活了。它让我想到了我们班的一位同学。虽然说可怜之人必有可恨之处。但是反过来说，每个人都可以改变。我在想，如果我就是文森特的同学，如果我主动靠近他，和他做朋友，是不是他身上的粗野就会消失？他就会显示出自己可爱的一面？但是，哎，我真的能做到吗？"

讨论结束了。雨声又响了起来。

"刚才我听到了很多同学的意见。有的认为他遭受了霸凌，有的认为没有。但也许我们不需要盖棺定论，霸凌的引入一方面是为了让大家通过讨论更清楚地感受到文森特的遭遇，同时也让大家思考霸凌。很多时候，一个人的遭遇是极其复杂的。是不是说，我们只有在确定一个人遭受了霸凌的时候才去帮助他。大家讨论认为，某某同学遭受了霸凌，让我们动手吧。不是这样的，对吧？理解一个人的遭遇是更重要的。也许这就是我们阅读文学作品的一个原因，重要的不是评判，而是理解。生活需要更多理解，更多共情，更多换位。小说天然具有这样的效果。

"好了，我不唠叨了。今天的课已经结束了。下节课我们要阅读两篇小说，主人公都是女性。一个是中国古代的小说《杜十娘怒沉百宝箱》，另外一个是来自法国小说家莫泊桑的《羊脂球》。"

阅读材料大概有三十多页。第一篇《杜十娘怒沉百宝箱》竟然是文言文。

虽然马老师纠正说，这是半文言，不影响阅读和理解，大家还是发出一阵叹息。

我望着大雨，在思考要不要联系爸爸来接我。

学生们陆续散了。有客人收着脚步上了二楼。彭子涵又坐到那个角落，继续读书。我看了一眼手机，没有新消息。

"不走吗？"

"不着急，看完这本书再回去。"

"你怎么回去？"

"雨小的话就公交车，大一点的话就滴滴咯。"

仿佛是为了回应她的这句话，雨声更加响了。

她咧着嘴："不着急，还早呢，先看书。"

是呀，先看书呗。我把手机塞到书包深处，再度拿起《安娜·卡列尼娜》，坐到了她身边。

此刻，百年前的莫斯科，安娜爱上了一个名叫沃伦斯基的男人。

第 *10* 节课
女人的故事

窗外是一棵古老的榕树，根须纷乱，如风中细雨。突然，一团灰色的影子像乌云般飘过。我看着它走过一段横枝，跳落在一角阳台上。阳台很窄，被树枝按住。它走了两步，便停下了。是一只狸花猫。不一会儿，阳台上出现另外一只像多多一样的黑猫。它们彼此挨着，舔着自己的爪子，缓慢、安静，像榕树上的两片叶子。

"我们小区有很多野猫，"穆川发现我望着窗外发呆，走了过来，"也不知道从哪儿来的。"

阳台门突然打开。它们慌忙地跳上树枝，逃走了。一个女人穿着睡衣走出来。她把洗好的衣物直接挂在枝条上。四五片白色的手帕，刚好被穿过枝叶的阳光照亮。

"笨蛋，那怎么会是手帕呢？那是小孩儿的尿布。"

我家里又没有人生小孩，我怎么知道那是尿布？我还没来得及反驳，穆川的奶奶又走了进来，这次是一大盘削好的苹果，她继续说着我听不懂的方言。穆川的老家在汕头，这自然是潮汕话了。

穆川说，奶奶觉得我太瘦了，一会儿午饭让我多吃点。

这是我第二次到穆川家写作业。

午饭后，我开始读《羊脂球》，她继续做辅导班的数学题。我看了一眼，完全不懂，大概是高中的题目。我问她有必要吗？她说，这叫超前学习，要想领先，就得快人一步。我望着墙上的版画，摇了摇头。她也摇了摇头。

"确实好久没有做版画了。但鱼和熊掌不可兼得，没办法。"

她皱着眉头。等我读完《羊脂球》，深深叹一口气，她还是皱着眉头。我再次把目光移到窗外。榕树下的绿道旁，一个小女孩手里捧着什么东西，

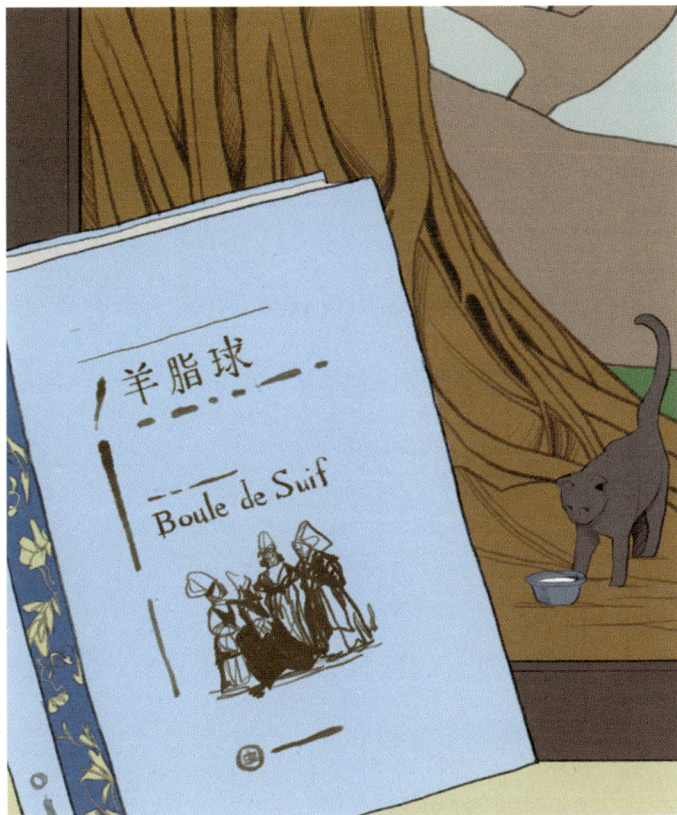

* 法国小说家莫泊桑的短篇小说集，王振孙译，上海译文出版社。

在逗引一只小花猫。它在犹豫，她在靠近。然后，它害怕了。旁边是一丛冬青，它转身钻了进去。她失落地蹲在地上，把手里的食物放在一片叶子上，是猫粮。她继续等了一会儿，没有动静，便离开了。

几分钟后，小花猫探着脑袋，吃光了所有食物。

我不想在穆川家吃晚饭，所以我们下楼去吃螺蛳粉。但不久我便后悔了。

刚走上书店二楼，马老师正好下去。擦肩而过后，她在楼梯上停住脚步。

"螺蛳粉，真香呀。"

白江宏已经坐在了原来的位置。斜对面坐着

悠悠。我走过去，挨着她坐到了更远的地方。

"你吃螺蛳粉了？我怎么闻不出来啊。"

开始上课的时候，我还在嗅着空气中的味道，但似乎没有人在意。洪乐戴了一顶深蓝色的鸭舌帽。马老师的脖颈上依旧是那条水红色的丝巾。而我旁边，不时有目光停下来，打量着彭子涵新鲜的短发。

"今天的课，我们将尝试一次不同寻常的活动。坦白地说，效果如何，我一点把握也没有，因为之前没有实践过。效果如何，不仅仅取决于大家阅读小说的细致程度，还取决于你们的想象力。不过开始这项活动之前，我们需要先讨论几个重要的问题，顺便帮助大家回顾一下两个故事的主要内容。先说《羊脂球》吧。大家肯定有很多感想，关于羊脂球的遭遇。但我希望我们在谈论自己的感受之前，可以先思考一下作者的态度：你觉得作者是怎么看待羊脂球和其他角色的？能否从小说中看到证据。"

写下这样一个故事，莫泊桑的立场是很清晰的。但首先进入我脑海中的，是结尾处的《马赛曲》。

很多人都举手了。

首先分享的是洪乐："羊脂球的遭遇是让人痛心的，我相信作者对她也是一样的态度。在很多方面，羊脂球都和身边的人不一样。她是一个妓女，是被社会道德唾弃的人。其他人都具有一定的社会地位。但和这种身份的对比相反，我们都会为羊脂球的尊严打动，同时唾弃其他人的虚伪。我相信这也是作者极力在写作中营造出的对比。尤其是在马车上前后两次吃东西的对比。我觉得通过羊脂球的故事，作者让我们思考了一个很重要的问题：社会道德中，最重要的东西是什么？我们为什么会根据身份判断一个人的道德？"

洪乐坐下后，马老师重复着说道："社会道德中，最重要的是什么？嗯，当然不是身份，但为什么身份会成为很多人判断的依据？"

田芳低声说，也许身份代表着一个人的成长环境？马老师不作回应，嘈杂的低语声开始响起。一分钟后，马老师叫了悠悠。我们重新回到那个问题：莫泊桑的态度。

"莫泊桑写了一个悲剧，而且是有力量的悲剧。鲁迅先生说过，悲剧是将人生有价值的东西毁灭给人看。羊脂球的遭遇中，最令人痛心的地方就在于，她所珍视的东西被周围人的冷漠毁灭了。什么东西呢？我认为是爱国的情感和尊严。作者很清楚地写出了其他人的虚伪。他们表面上谈

论爱国，但实际上只会为自己的利益考虑，甚至不择手段。作者的态度可以从小说中突然出现的评论清楚地看到，比如小说刚开始没多久，介绍三位颇有地位的旅客时，出现了这样一段话：三人的打算不约而同，如出一辙，气味相投。气味相投这四个字很清楚地表明了作者的声音：嘲讽和批判。

"莫泊桑的态度还有很多。"我紧接着说道，"除了两位同学提到的对比，以及偶尔出现的讽刺性表达。我觉得结尾也很耐人寻味。《马赛曲》是法国的国歌，是对爱国感情的肯定。虽然歌曲由虚伪的科尔尼代唱出来，但我觉得很像是莫泊桑献给羊脂球的赞歌。"

马老师点着头，同时翻看着桌子上的作品。

"今天，很多作家会隐藏自己对于故事角色的态度，或者真的没有态度。但大多数时候，这种态度都是创作中很重要的一部分。在《杜十娘怒沉百宝箱》中，我们当然也能感受到作者对杜十娘的肯定。意识到作者的偏好，也许在发表自己的看法时我们会更加大胆。可以同意，也可以不同意，而不是不明所以地就被牵着鼻子走。

"好了，既然说到杜十娘，我们就来对比一下两个角色。很多同学在阅读的时候肯定感受到了，羊脂球和杜十娘身上有不少共同点。我当然不是在说他们类似的身份，而是许多其他方面。所以，你觉得羊脂球和杜十娘身上究竟有哪些共同点呢？

既然是'你觉得'，就无所谓对错，但我们必须言之有据，也就是从小说中拿出证据。

"这样吧，你们先写下来，然后把便笺纸投在这个盒子里。一会抽到哪一个，我们就请这位同学说一说自己的理由和证据。"

大家涌起一阵骚乱，但很快安静下来。李昊然第一个走上前投下自己的答案，然后扭着身体走回来。几分钟后，马老师随机抽出一张。

小小的字体：**真实**。

大家相互张望，结果有两个人举起了手。马老师请冉思睿分享。

"先声明一句，我俩可没有串通。"笑声响起。梁少楠右手托着脸颊，作羞涩状。

"其实这个答案应该比较好理解。小说中负面角色也有一个共同点，就是虚伪。羊脂球中所有人都很虚伪，很少坦率地表达自己的想法，甚至为了达到目的不择手段。在杜十娘的故事中，孙富也是这样。用今天的话来说，他们都是精致的利己主义者。但羊脂球和杜十娘，她们敢爱敢恨，有什么说什么，没有计谋，没有伪善，真实得令人感动。"

然后出现的是**"勇敢"**。田芳谈到了羊脂球对待德国军官的态度，以及她拒绝那位公民时候的果断。杜十娘的勇敢同样比比皆是，甚至最后的投江自杀，都涌动着一个女人无路可走时的勇气。

接下来又是一张**"真实"**。

然后大家睁大了眼睛，一张淡绿色的便笺上，写着一个又大又丑的字：卖。

我几乎立马猜到这是谁的手笔了。果然，马老师还没有询问，洪乐便站了起来。

"两位角色的共同点不一定是某种性格嘛，我们也可以从故事情节上考虑。我认为两个人的遭遇中最重要的一个特点都是被'卖'了。当然，这个'卖'呢，要加引号。用更加正式的表达，也可以说她们都被交易了。是的，她们像货物一样，被同伴或者信任的人交易了。羊脂球中，那些同伴用羊脂球的身体换取安全和通关，李甲用杜十娘整个人换取家族地位和父亲的信任。可悲的是，作为妓女，她们的身体本来就用于交易，所以其他人并不觉得这样的行为有问题。"

　　洪乐刚坐下，彭子涵就举手了。看来她想要反驳或者补充洪乐的观点。

　　她礼貌地微笑着，音调低弱、明亮："是的，她们作为妓女需要把自己的身体当作商品卖出去。但我觉得这两篇小说，两个主人公恰恰超越了这一点。我认为她们的形象中一个很重要的共同点，就是她们都扮演了反抗者的角色。虽然羊脂球最后屈服了，但我们都能感觉到她反抗的力量。反抗什么呢？反抗被'卖'，反抗对她们粗糙的想象。在那种想象中，人们认为她们的身体是无足轻重的，可以用金钱或某种物质交换。但两篇小说通过她们对这种判断的拒绝——羊脂球拒绝了德国军官的要求，杜十娘拒绝了孙富的购买，通过这种拒绝，她们身上灵魂的尊严就显现出来了。"

我禁不住抖动了一下。个人灵魂的尊严，我想起村上春树那篇文章，鸡蛋与高墙。

我满怀热情地盯着她，听见她继续说道："是的，尊严，无论是羊脂球作为法国人的尊严，还是杜十娘所珍视的爱情的尊严，都在这种反抗中发光、放大了。杜十娘的死当然是爆炸式的反抗。但我觉得，羊脂球最后的哭泣也是这种反抗的延续。我们站在那些虚伪的同伴位置上设想一下，一个妓女，做了一件对她来说稀松平常的事情，有什么值得悲伤的呢？但她就是哭了，那种满怀痛苦的哭泣让我们看到了她对这个逻辑的拒绝，也借此看到了她坚固的尊严。"

"厉害啊！"彭子涵话音刚落，李昊然便叫了起来。

我写的是**"热烈"**，白江宏是**"尊严"**，悠悠的是**"力量"**。能够谈论的其实已经不多。但马老师还是读完了所有的词语。

"我们在谈论两位女主人公的时候，不可避免地会走向性别问题。在这两篇故事中，性别是一个不可或缺的视角。所以，我们不妨从性别方面聊一聊其他角色。

"这样吧，我们做一个性别转换。男生们，请你们讨论一下《羊脂球》中除了主人公以外其他的女性角色，你们对这些角色的看法，以及他们在小说中的作用。女生们，《杜十娘怒沉百宝箱》，我们就谈论一下小说中所有的男性角色。"

男女生分别围拢在一起后，马老师走到我们身边。当田芳说李甲是个渣男的时候，马老师说"完全同意"。默契的笑声飘动起来。马老师自己谈到了名字的问题。但很快，我们就不由自主地从《杜十娘怒沉百宝箱》中的男性聊到了《羊脂球》中的男性。

男生组毫不意外地是白江宏发言："我们继续沿着洪乐刚才的问题往前走：社会道德中最重要的是什么。除了羊脂球之外，小说还有另外五个重要的女性角色。三位夫人——鸟太太、拉马东夫人和……那位伯爵夫人，"他一边缓慢地发言，一边翻动书本，"德·布雷维尔伯爵夫人，另外还有两位修女。很明显，这五位女性和羊脂球形成了对照。从身份上，她们都是体面人，三位夫人的丈夫是贵族、议员和商人，修女就更不用说了，是神职人员，人们对她们怀有神圣的情感。但羊脂球呢，妓女。这是巨大的差别。所以一开始几位女性都想和羊脂球撇开关系。但是在故事中，作者实际上已经暗示过我们，尊贵的两位夫人可能做着和羊脂球一样的事情，比如拉马东夫人，书里是这样说的，'鲁昂驻军中出身贵族的军官，经常从她那里得到安慰。'伯爵夫人呢，翻过来一页，'她的沙龙在当地要算首屈一指，是昔日风流情致犹存的唯一场所。'鸟太太的粗俗大家肯定印象深刻。

"我年纪小，不能完全明白这几处表达什么意思，但觉得肯定不怎么体面。两位修女中的一位，年老的那个在推动羊脂球献身这件事情上扮演了很糟糕的角色。而羊脂球除了身份不体面以外，莫泊桑几乎把小说中大多数美好的品质都留给了她。这既是在种种描写中可以感受到的，但也是在和其他女性角色的对比中凸显出来的。

"所以，到底什么是体面，什么又是不体面呢？社会道德究竟是怎样被人们所利用的呢？这些问题我没有能力回答，但我相信这都是作者留给我们的。

"还有一点，我不太确定，是梁少楠刚才提到的。他觉得虽然马车上大多数人都参与了对羊脂球的伤害，但最严重的却来自几位女性角色。比如鸟先生也会说很下流的话，但大多一掠而过，最难听的那段攻击毫无疑问来自鸟太太。而最后羊脂球选择屈服，直接原因是修女加入了对话。她说她们急着去帮助受伤的染了天花的士兵。羊脂球几乎是因为同情心和道德压迫才牺牲了自己。所以，强化这种女性压迫女性的情节是不是让这个故事更残忍了呢？"

典型的白江宏式发言：层层推动的逻辑，作为结尾的反问句。

该我们组了，悠悠推了我一把。我还没反应过来，所有人已经在冲着我点头了。

"不好意思，我没有白江宏同学的激情，只能简单汇总一下我们的讨论。杜十娘的故事中除了李甲这个男性角色之外，还有另外两个角色，一个叫作柳遇春，一个叫作孙富。这些名字都蛮有意思的，让人想到红楼梦，名字的谐音含有某种意味。柳遇春是帮助杜十娘的角色，就像春天一样，和她站在一起。两个人最重视的品质都是'真情'。杜十娘认为找到了真爱，决定从良，最后又因为看到李甲的虚情假意悲愤自杀。而柳遇春帮助杜十娘也是因为感受到了这个女子的真心实意。而与此相反，孙富，就像这个名字一样，作为一个单调匮乏的有钱人的形象，和男主人公李甲——'甲'令人联想到'假'——一样，站在了'真情'的对立面。孙富仅仅是贪恋杜十娘的美色，给李甲出主意的时候，一副救人于水火的虚伪面孔，实际上却只是在为自己着想。

"尽管杜十娘已经是一位很有力量的女性，但受限于时代，她仍然摆脱不了依附者的角色。她有钱，完全可以独立。但可能那个时候根本就没有女性独立这个概念？不知道，但话说回来，大家都不能理解她为什么会看上李甲。真是一个糟糕的男人。

"哦，对了，我们组的马老师还提到一个观点。古典小说中经常出现的才子佳人的故事，会把女性塑造成美丽温婉的形象，而男性则是博学多识，才华横溢。而在这个故事中，刚好反过来，作者在刻意展现杜十娘的机智、周全、细致，甚至有魄力。

而李甲呢，没有才华，没有前程，也没有什么能力，反而优柔寡断。作者赋予他的正面特质也许只有俊俏和老实。所以，似乎我们在杜十娘身上看到了更多传统小说中男性角色的一些特质，李甲身上是女性角色的某些特质。我们都觉得马老师这个观点很有意思。"

"谢谢沈青同学的肯定，"马老师微微点头，做出致谢的姿势，"我相信经过这二十分钟的讨论，大家对于小说中的各个角色有了更加清晰的感知。虽然目前的谈论都还比较粗糙，没有涉及很具体的片段和细节。但我必须停下来了，因为我们要给接下来的任务留出时间。什么任务呢？请看屏幕上的这张图片。"

　　"少楠，你来说说看，这是一张什么图片？"

　　"好像是拼出来的一张图片。大部分内容似乎是从其他地方剪下来的，很混乱，但能看到不少

工业元素。人物挤在中间，有点压迫。"

"谢谢。这正是一幅拼贴画，上面的很多元素也确实是剪下来的，有人物、机械，也有文字。

这张图片显得有点混乱。不过也有简单清晰一点的拼贴画，比如这一幅：

"大家也许发现了，这个拼贴画里面甚至有真实的棉花和一些物品。所以拼贴艺术是没有限制的。在材料和拼贴的方式上很自由。看了这两个例子后，我们就要开始活动了。当然，你们可以多讨论一下这两个拼贴画的特点。

"我们首先需要通过抽签分成两个小组，每个小组五个人。然后再来抽取你们所要拼贴的主题：《羊脂球》抑或《杜十娘怒沉百宝箱》。我已经把小说的文本打印出来了，桌子上也已经放了十几本旧杂志、几本旧书和很多旧报纸。你们随时可以上网查找图片，需要的话我可以帮助你们打印出来。时间是三十分钟。三十分钟后，大家就需要展示并且介绍你们各自的拼贴作品。"

李昊然慢悠悠地举起了手。这很不像他。

"老师，我们拼的内容和两个小说什么关系？我没搞明白。"

"我正要说呢。大家需要用拼贴的内容来表达你们对两部小说的理解或者想象，或者任何延伸的思考，都可以。还有问题吗？"

没有了，但也许是不知道可以问什么问题。大家沉默着，等待分组的时刻。

我拿到了写有羊脂球的便笺纸。喊叫声彼此回应。羊脂球——杜十娘——来，到这儿来。来这边吧，这里空间比较大。五个人齐了，其他四个人是冉思睿、梁少楠、李悠悠、田芳。

我从马老师那里领取了一张横跨大半个桌面的白纸、四五把剪刀、固体胶棒。有谁喜欢画画吗？这又不是画画，是拼贴。但是我们也要考虑视觉效果，所以需要一个人把关整体风格，肯定不能各做各的吧。冉思睿说，那我来吧，应该主要是构图问题，我时刻关注着。但怎么开始？大家停住了，彼此注视。

对呀，怎么开始呢？白江宏的声音在对角处扬起来。看来他是指挥官。我们需要指挥官吗？梁少楠打破了沉默，想一想可以表达什么吧。你的意思是，根据想要表达的内容张贴相应的东西？是呀，这样会清晰一些。但不太可能。为什么不太可能？因为我们不一定能够找到合适的图案，你刚才说过，这不是画画，这是拼贴。我们手里有的就是这些内容。李悠悠指着旧杂志旧报纸和厚厚的小说文本。

但总得开始呀。这样吧，冉思睿探出脑袋，身体倾过来。她想扮演指挥官，像白江宏一样。我们先翻看这些材料，有任何想法随时抛出来。但我觉得最好能够有一个人负责决策，决定怎么使用和组合这些想法。就你吧，既然你本来就要负责把关整体风格。好的，冉思睿你来。大家都同意了。

坐下来。每个人手里拿着不同的材料，开始寻找作画的"原料"。

"杜十娘"组也开始了寻找。

空间里涌动着细碎的声浪。有时候传来一声兴奋的喊叫。椅子突然被推动。有人站起来，有人走动。冉思睿在白纸上描画出黑色的铅字，看起来并不分明。十分钟后，有人开始分享自己撕下来，或者被剪下来的边角料。陆陆续续张贴起来。

一位顾客意外地出现在楼梯口，几乎没有人注意到他的出现。在和马老师耳语之后，他满脸好奇地离开了。

这是一次未曾经历过的体验。该如何理解这种方式呢？我们把一些模糊的臆想、一些突然拥有某种意义的图片、一些被曲解的文字，如此不清晰地组合在一起。我们所说的、所联想的、所延伸的，如此跳跃，还是对《羊脂球》这篇小说的理解吗？

我感觉到其他人和我一样被不确定的疑云笼罩着。但我也看到，李悠悠在如此努力地思考。她突然蹦出来的兴奋，她翻看小说文字的迫切，她环绕着羊脂球的情绪，又是如此地可贵。而白纸上，越来越多的思考生长出来，折叠在不同形状、不同色彩的碎片当中。

在紧张中，三十分钟滚滚而来。有的内容粘上后又被揭下。

争执出现时，梁少楠会说，让冉思睿决定吧。

田芳有了情绪，坐在位子上发了会儿呆，但很快在翻找中和解了。

李悠悠去找马老师打印东西。

时间到了，我们请求延长五分钟。白江宏发

出一声清朗的笑。

我们的内容太多了，有些庞杂。不好意思，冉思睿说，我应该做更多取舍和设计。没事儿，李悠悠刚坐下，混乱是我们的主题之一。

李悠悠自然成为了我们的发言人。她和大家确认了每一个细节的意义。整整四十分钟过去了，我和冉思睿拉起海报的两角，开始分享。

"相信大家一眼就看到了，我们的拼贴作品如此丰富，或者说如此混乱，恰如刚才马老师给的例子中第一幅作品那样。但是，"悠悠吐出嘹亮的两个重音，"混乱是有目的的。大家不要着急，我们会一一为您解读。

"首先，想必有人注意到了这张图片的背景中，有铅笔描画的很淡的字符。看起来像是英文。这是什么意思呢？可以，可以靠近点来看。"

"是羊脂球的名字吧？"白江宏试探地问道。

"回答正确。Elisabeth Rousset，这是小说中出现的羊脂球的姓名。大家可能习惯了羊脂球这个称呼。但请注意，这只是一个绰号，不是她的名字。甚至，我们查了一下，'羊脂球'这个名字也许含有侮辱和贬低的意思。我们没办法确定莫泊桑是不是刻意将她的真实姓名埋在了德国军官的命令中，还是出于情节的需要。但是，你们不觉得讽刺吗？故事讲述中都用'羊脂球'这个不好的称呼，但她真实的名字却仅仅出现在敌人那里。马车上其他人也毫不关心她的名字。小说中还有一个细节。

随着故事的发展，当那些虚伪的同伴们认为是羊脂球阻碍了他们继续赶路时，对她的称呼也从‘夫人’降格为‘小姐’。

"所以，联想到《人鼠之间》，我们决定把Elisabeth 这个名字还给她，以类似于水印的方式。在接下来的分享中，我们也会始终用这个名字称呼她。

"现在我们来到了正中间 Elisabeth 的形象这儿。如大家所见，我们找到了一个西方古典时期的人物，剪了下来，贴在中间。但是，我们在纸片内塞了一点东西，让这个形象鼓了起来。为什么呢？因为我们热爱她。开个玩笑。大家看她的四周，应该能够辨认出小说中的其他角色。不好意思，图片有限，不能一一对应。作为对比，其他角色都是平面的，只有羊脂球，不对，Elisabeth是立体的，是丰富的。也代表着，在我们的眼中，她是更具有人性的一个角色。

"但是很明显，她显得有些狭小。这就是整张图片显得拥挤混乱的原因。因为她被各种势力压迫和摧残。在小说的世界中，不仅仅是更多的人物在施压，而且他们也代表着不同的类型、观念和身份。所以这儿有一张教堂的图片，代表着修女们背后的宗教和道德力量；这儿有一把军刀，代表着普鲁士军官；华丽而时尚的服装，代表了道貌岸然的上层社会；还有一些零碎的文字：善良、谋略、女人等，他们都代表着某种压力，代表着虚伪。善良？哦，这个善良指的是 Elisabeth 自己的善良。但善良最终换来的却是冷漠。

"在这群人物的下方，这几个大字很显眼。是的，**精致的利己主义者**，这就是我们对那些虚伪的上层社会的概括。刚好来自一篇杂志文章的标题。他们没有真正的价值观，只有利益。

"而在这群肖像的上方，有这么一段话。请允许我朗读一下：

你以为我贫穷，相貌平平就没有情感吗？我向你起誓，如果上帝赋予我财富和美貌，我会让你难于离开我，就像我现在难于离开你一样。可上帝没有这样安排。但我们的精神是平等的，就如你我走过坟墓，平等地站在上帝面前。

"有同学知道这段话来自哪里吗？"

"《简·爱》"

"很好，谢谢彭子涵同学。不，她不是我们的托儿，我们可请不动。

"那么为什么要放这一段话呢？情境当然不一样。《简·爱》是一个爱情故事，这段话讲的也是爱情当中的平等。但我们，不对，主要来自沈青同学的解释。她认为，这段话可以算作女人的呐喊。在社会不平等的地位中看到每一个人的情感和丰富。这篇小说也有这样一个背景，或者莫泊桑通过写这篇小说，其实也是希望我们看到这一点。是的，看到情感，看到人内心的丰富，看到真实和人的力量。"

"分享完毕，谢谢！"

我们小组呼喊起来，然后彼此交谈着，归于一片喧笑。她是怎么做到的？把如此杂乱的内容井井有条地串联在一起。不过，她忽略了不少小细节。李昊然指着左右两侧边角处彼此相望的两张士兵图片，问什么意思。

李悠悠挠着头："不好意思，我忘了。"

她望着冉思睿。然后冉思睿又望向梁少楠。

"是的，这是我加上去的。冉思睿认为跑题了，但我觉得是和主题相关的。小说的背景是战争时期。作者莫泊桑其实在努力打破某种偏见，也就是，敌人都是坏人。他刻意描写了一路上法军较之侵略者有过之而无不及的残暴，同时也在后面讲述了普鲁士士兵富有人性的一面。这和羊脂球的故事一致。打破偏见，看见人们的情感和丰富。战争中，所有人都是受害者。"

"谢谢少楠、悠悠和整个小组精彩的构想。"马老师说道，"接下来，我们就一起来欣赏另外一个小组的拼贴艺术吧。"

出乎我的意料，作为代表进行分享的，不是白江宏，而是王渺。

"各位来宾，各位——各位——人，大家好。欢迎来到艺术品拍卖中心。"等大家的哄笑落下，她继续说道，"我们的这幅作品呢，和刚才那一幅在风格上很不一样。他们刚才说他们的作品更像是屏幕上的第一幅，那我们这个，很显然，和第二幅更相似。我们在整体风格上做了一些设计。首先人物都是剪纸艺术。因为这是中国古代的故事。其次是色彩。只有黑白灰三色。为什么这么单调呢？因为我们想要表达出杜十娘的命运。"

"是因为她死了吗？葬礼风？"

"葬礼风？太没有深度了。不，色彩所表现的是我们对杜十娘这个人物的思考。作为那个时代的一位女性，沦落风尘，无论她多么美丽，都不可能收获爱情，即使没有孙富。我们假设她和李甲到了江南，靠她的百宝箱过着还不错的生活，他

们就真的能够被李甲的父亲接受吗？当然不可能，所以李甲的离开几乎是必然的，更别提他的懦弱了。所以，她的生命没有色彩，悲剧是她的命运。

"但另一方面，我们又都为杜十娘的力量所打动。就不谈她最后的高光时刻了，我们想说的是她的机智、沉稳和独立。真可惜，她生错时代了。

放在今天，绝对是妥妥的独立女性。女人，一定要在经济上独立，不能依靠男人。这就是杜十娘告诉我们的。

"所以，为了表达我们的敬意，请看她脚下的这艘小船，这可是货真价实的一百元钞票折出来的呀。不用担心，我们没有损坏货币。这不是拜金。她踩在脚下，作为在水上航行的工具，可以拥有一定程度的自由。我们强调的是经济基础对女人的重要性。是不是很精彩的设计？谢谢，作者是我。

"现在就让我们随着小船来到水下。这两个人物，很明显，就是李甲和孙富。重点在李甲身上，这个负心汉。他心脏的地方被挖了一个洞，虽然有些直白，自然代表着他的优柔寡断。重点是这个人物拼贴的方式啦。我们把小说中凡是表现他软弱、无脑和缺乏主见的句子全都剪了下来，然后粘在了另外一张白纸上，再剪出李甲的形象。

"什么？我们当然不知道李甲是什么样子。但这是艺术！别打岔，回到这个没心没肺的李甲身上。

"相信大家还能辨认出一些字句。'流下泪来''只是流涕''李甲原是没主意的人'，还有这句'我囊中如洗，如之奈何！'天呀，真是一朵鲜花插在牛粪上。杜十娘为什么会喜欢这个男人呢？

"孙富的一些设计我就不说了。请大家自行体悟。现在我们要展示最匠心的一个设计。虽然这个设计有点直接。我们觉得这篇小说没有《羊脂球》

写得好。一个重要的原因就是大家不喜欢故事的结尾。好人有好报，坏人就会死，这也太古板了。还是《羊脂球》的结尾更文学。坏人在喝酒吃肉，好人在独自哭泣。这才真实嘛。孙富怎么可能因为这种事情病死呢？最后还鬼魂报恩。不，我们不接受这样的虚假。

"请大家仔细留意水下，有一些类似于残渣一样的堆积物扮演了河床的形状。它们实际上是结尾的片段被剪碎后叠在一起形成的。寓意我就不解释了。现在请大家把目光移到上面，杜十娘的上面，一大片空白，有一些云的阴影。"

她拉动一角，轻轻地揭开，一片色彩便流了出来。

"这是天空。在天空蔚蓝色的深处，有这么一行小字：'她死了，水面沉静。阳光落在上面，江河碧蓝如天空。'这是白江宏的设计。"

"我们的分享结束了。谢谢大家。"

这节课也恰如其分地结束了。

还需要再说点什么吗？当然，两个小组的分享确实很精彩，但我有必要指出，纸张上的内容远不如他们说的漂亮，随处可见划痕和污迹，李甲的脑袋有一个凹口，小船没有粘牢，在他们展示的时候歪了下去。而我们的羊脂球，显得面目可憎，像是一个怪物。更主要的，不少粘贴重合在一起，有些内容也没有被分享。但是，大家都很开心。

马老师已经在分享下节课的作业了：一部香

港电影《似水流年》。

大家难掩兴奋，虽然没有人听说过这部电影，但王渺已经在用手机播放据说是梅艳芳演唱的同名歌曲。

白江宏不断感叹："粤语真好听。"

夜晚，我在房间里，不断回想起课堂上的两幅图画。

爸爸还没有下班。小区内孩子尖锐的喊叫拍打着窗户。还有一张数学试卷需要完成。我倍感厌倦。

走到阳台上，我想起了白江宏设计的天空。

但在我面前，天空是另外一幅样子。在交接处，城市的灯光于灰蓝中拉扯出三条长长的带子。左边是白色，中间是红，右侧是一团黑。它们手拉着手，压在城市上空。

不想做试卷了。我看到桌面上的《安娜·卡列尼娜》，又是另外一位女性。前天，她出轨了。然后呢？我翻开书，读着她。

圣彼得堡的冬天真冷。

图书在版编目（CIP）数据

X 书店：12 节虚构的语文课 . 关于性别 / 冯军鹤著；
葛根汤绘 . —— 北京：北京科学技术出版社，2024.4（2024.8 重印）
ISBN 978-7-5714-3586-8

Ⅰ. X… Ⅱ. ①冯… ②葛… Ⅲ. ①作文课 – 中小学
– 教学参考资料 Ⅳ . ① G634.343

中国国家版本馆 CIP 数据核字（2024）第 010337 号

策划编辑：郑先子
责任编辑：郑宇芳
责任校对：贾　荣
封面设计：张挠挠　田丽丹
营销编辑：赵倩倩
图文制作：田丽丹
责任印制：吕　越
出 版 人：曾庆宇
出版发行：北京科学技术出版社
社　　址：北京西直门南大街 16 号
邮政编码：100035
电　　话：0086-10-66135495（总编室）
　　　　　0086-10-66113227（发行部）
网　　址：www.bkydw.cn
印　　刷：北京盛通印刷股份有限公司
开　　本：787 mm × 1092 mm　1/32
字　　数：30 千字
印　　张：3.375
版　　次：2024 年 4 月第 1 版
印　　次：2024 年 8 月第 2 次印刷
ISBN 978-7-5714-3586-8

定　　价：30.00 元